Phillis Wheatley

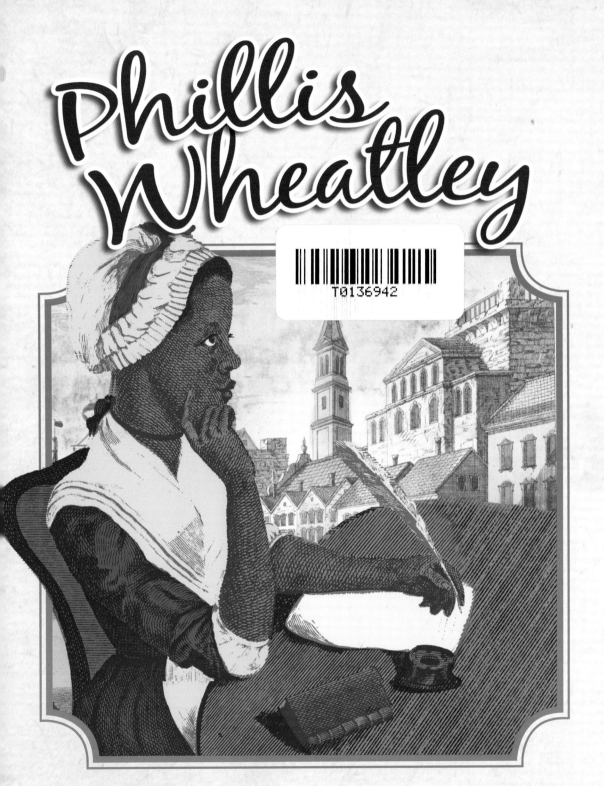

T0136942

Emily R. Smith, M.A.Ed.

Autora contribuyente

Wendy Conklin, M.A.

Créditos de publicación

Rachelle Cracchiolo, M.S.Ed., *Editora comercial*
Conni Medina, M.A.Ed., *Redactora jefa*
Emily R. Smith, M.A.Ed., *Realizadora de la serie*
Diana Kenney, M.A.Ed., NBCT, *Directora de contenido*
Caroline Gasca, M.S.Ed., *Editora superior*
Courtney Patterson, *Diseñadora multimedia*
Lynette Ordoñez, *Editora*
Sam Morales, M.A., *Editor asociado*
Jill Malcolm, *Diseñadora gráfica básica*

Créditos de imágenes: portada, págs.1, 21, 27, 29 LOC [LC-USZC4-5316]; págs.2–3 LOC [LC-USZC2-1465]; págs 4, 5, 10, 16 Granger, NYC; pág.6 (fondo) LOC [LC-DIG-ppmsca-05933], (frente) LOC [LC-USZ62-93962]; pág.7 LOC [LC-DIG-pga-05138]; pág.8 LOC [g8200.ct000124]; pág.9 LOC [bpe.28204300]; pág.11 LOC [gm71000622]; pág.12 LOC [LC-USZC4-772]; pág.13 (izquierda) LOC [f0207s], The Library of Congress, (superior) LOC [LC-USZ62-45506]; pág.14 LOC [LC-USZC2-1465]; págs.13 (derecha), 15, 18, 21, 29, 32 The African American Odyssey Exhibition, The Library of Congress; pág.17 LOC [rbpe.0370260b]; págs.19, 23, 28 North Wind Picture Archives; pág.19 (inferior, derecha) Rare Book and Special Collections Division, The Library of Congress; pág.20 De New York Public Library Digital Collections; pág.21 LOC [LC-USZ62-93956]; págs.22, 31 Bridgeman Images; pág.24 LOC [0202001r]; pág.25 LOC [mgw3h/001/013012]; pág.25 LOC [LC-USZ62-102494]; pág.26 LOC [rbpe.1180320a]; págs.19, contraportada George Washington Papers en The Library of Congress, 1741-1799: Series 3h Varick Transcripts; todas las demás imágenes cortesía de iStock y/o Shutterstock.

Teacher Created Materials

5301 Oceanus Drive
Huntington Beach, CA 92649-1030
www.tcmpub.com
ISBN 978-0-7439-1362-1

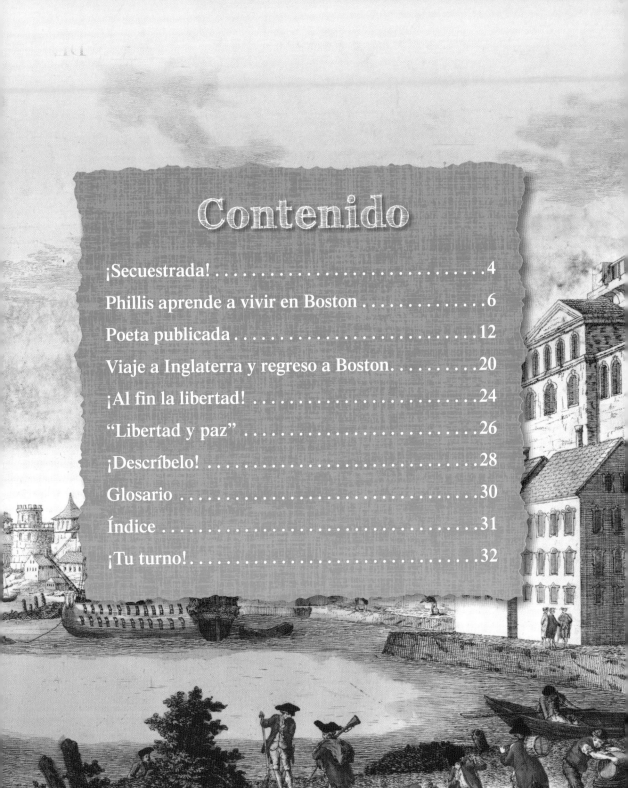

Contenido

¡Secuestrada!

Cuando Phillis Wheatley nació en África occidental alrededor de 1753, no sabía la vida que le esperaba. Con tan solo siete años de edad, fue secuestrada por traficantes de **esclavos**. La obligaron a subir a un barco con destino a Boston, Massachusetts. Luego, Phillis sería vendida como esclava.

Phillis llegó a Boston en el verano de 1761. Boston era muy diferente a su tierra natal en África. En lugar de campos verdes, Phillis vio un puerto lleno de barcos. Las personas estaban ocupadas haciendo acuerdos comerciales. Phillis no tenía idea de cuánto estaba por cambiar su vida. Ya había cambiado mucho en las últimas 10 semanas en el mar.

Unos traficantes de esclavos llevan africanos a un barco.

El dueño del barco necesitaba vender a estas personas esclavizadas. Y quería hacerlo a un buen precio. Así que hizo lavar y aceitar a Phillis y a los otros esclavos para que brillaran al sol. Los hombres se vendían a un precio más alto porque daban la impresión de poder trabajar más. Phillis, por su parte, era una niña pequeña y parecía débil en comparación con los demás. El hombre le puso un precio bajo para venderla rápidamente. Nadie sabía que esa niña se convertiría en la primera poeta afroamericana de la época colonial de América del Norte.

subasta de personas esclavizadas

Phillis aprende a vivir en Boston

Un hombre adinerado de Boston llamado John Wheatley compró a Phillis. Quería que fuera criada de su esposa, Susannah. John y Susannah le pusieron ese nombre a Phillis por el barco que la llevó a las colonias. La niña tomó el apellido de los Wheatley porque ellos la habían comprado.

Timothy Fitch

Timothy Fitch

Un hombre llamado Timothy Fitch era **comerciante de esclavos**. Intercambiaba melaza y ron por personas esclavizadas en África. Luego, vendía a los esclavos en América del Norte. Fitch era el dueño del barco que llevó a Phillis a las colonias.

personas esclavizadas transportadas en un barco en contra de su voluntad

puerto de Boston

Los Wheatley tenían dos hijos adultos. Se llamaban Mary y Nathaniel. Mary le enseñó a Phillis a leer y escribir. Educar a los esclavos era **ilegal** en las colonias del Sur. Pero en Boston, enseñar a leer a un esclavo no estaba prohibido por la ley. Eso no quería decir que las personas estuvieran de acuerdo. Pero los Wheatley se dieron cuenta de que Phillis era especial.

A Phillis le gustaba estudiar. Uno de sus libros favoritos era la Biblia. Aprendió a escribir copiando partes de la Biblia. Los habitantes de Boston a menudo la veían escribiendo sobre los cercos o en el suelo. Escribía con carboncillo o con palitos. Phillis se entusiasmaba con cada cosa nueva que aprendía.

La mayoría de las personas esclavizadas eran de África. No hablaban inglés. Los traficantes de esclavos se llevaban a las personas de sus hogares y las mantenían **cautivas** en barcos abarrotados de gente. Los barcos tardaban semanas en cruzar el océano Atlántico. ¿Puedes imaginar lo asustadas que estarían esas personas?

Los barcos transportaban a los prisioneros a las colonias. Llevaban a la mayoría a las colonias del Sur. Los dueños de las **plantaciones** del Sur querían esclavos como mano de obra barata. No había plantaciones en las colonias de Nueva Inglaterra y el centro. Por lo tanto, allí se vendían menos esclavos.

En el Sur, había leyes que controlaban lo que las personas esclavizadas podían hacer. Las leyes se llamaban *códigos negros*. Por ejemplo, la ley que prohibía educar a los esclavos era un código negro. A las personas de color no se les permitía ir a las iglesias a las que iban los blancos. Estas leyes hacían que la vida de una persona esclavizada fuera muy difícil.

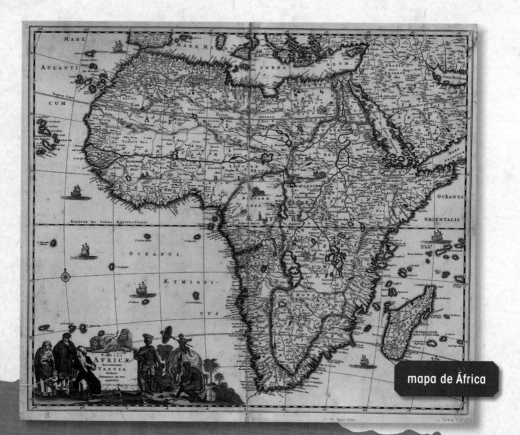

mapa de África

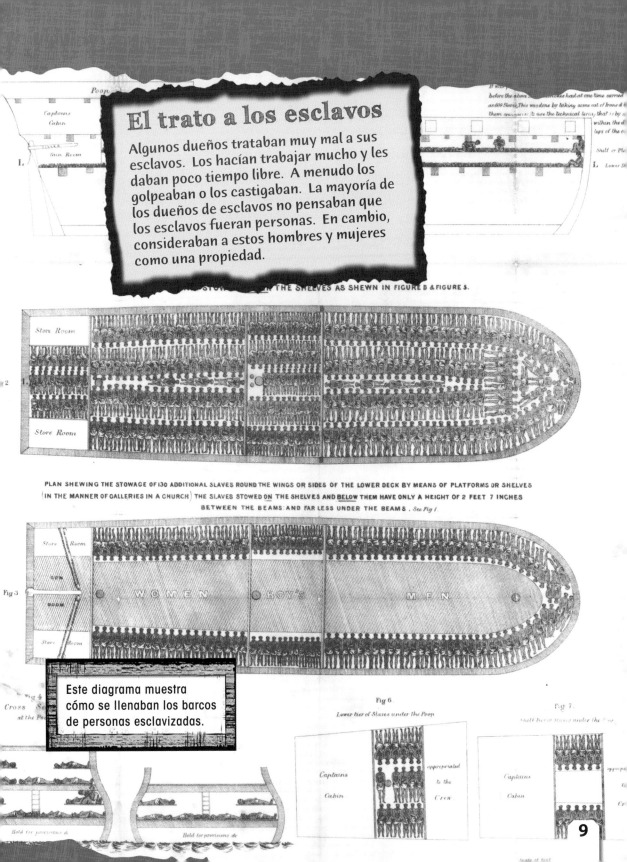

El trato a los esclavos

Algunos dueños trataban muy mal a sus esclavos. Los hacían trabajar mucho y les daban poco tiempo libre. A menudo los golpeaban o los castigaban. La mayoría de los dueños de esclavos no pensaban que los esclavos fueran personas. En cambio, consideraban a estos hombres y mujeres como una propiedad.

Este diagrama muestra cómo se llenaban los barcos de personas esclavizadas.

La vida de un esclavo nunca era fácil, pero Phillis fue más afortunada que la mayoría de los esclavos. En primer lugar, vivía en Nueva Inglaterra. A las personas esclavizadas del Norte generalmente las trataban mejor que a las del Sur. La mayoría de los esclavos del Norte eran sirvientes domésticos. En el Sur, la mayoría de los esclavos tenían que trabajar todo el día en los campos. Trabajar afuera causaba más cansancio físico que trabajar adentro.

En Nueva Inglaterra, se permitía a las personas esclavizadas ir a iglesias "de blancos". Pero tenían que sentarse en otra área. No había tantas leyes en el Norte que controlaran cómo se debía tratar a los esclavos.

Personas esclavizadas recogen algodón en el Sur.

A PLAN
OF THE
TOWN OF BOSTON
AND ITS ENVIRONS.
with the
Lines, Batteries and Incampments
of the
BRITISH AND AMERICAN
ARMIES

mapa de Boston

Los Wheatley eran buenos con Phillis. Sabían que ella era especial y la ayudaban a aprender. Phillis una vez escribió que la Sra. Wheatley la trataba "más como a una hija que como a una sirvienta". La mayoría de los dueños de esclavos no trataban a sus esclavos como si fueran de la familia.

De todos modos, Phillis era una esclava. No tenía libertad para tomar sus propias decisiones o vivir su propia vida.

Esta es la única imagen conocida de Phillis que se hizo cuando ella vivía.

Poeta publicada

Phillis tenía 14 años cuando se publicó su primer poema. Usaba la poesía como un diario. Escribía sobre cómo se sentía y lo que pensaba. Esto era poco común en los poetas de la época colonial. La mayoría de ellos no expresaban emociones en sus poemas.

Phillis también escribió sobre sus emociones relacionadas con la iglesia. La religión era importante para la familia Wheatley. El Gran Despertar ocurrió en las décadas de 1730 y 1740. Fue una época en la que los **ministros** intentaban que se sumaran más personas a sus iglesias. Los ministros viajaban de ciudad en ciudad y organizaban reuniones al aire libre. En esas reuniones, los ministros despertaban el entusiasmo de las personas por la religión.

Alexander Pope

una reunión al aire libre durante el Gran Despertar

Un modelo a seguir en la poesía

Phillis Wheatley fue la primera mujer afroamericana de Estados Unidos cuya poesía fue publicada. Eso significa que no tuvo la oportunidad de estudiar poemas de otros autores negros. En cambio, aprendió leyendo poesía europea. Su poeta preferido era Alexander Pope.

Un ministro al que Phillis iba a escuchar a su iglesia era George Whitefield. Fue uno de los ministros más famosos del Gran Despertar. Era un gran orador. Phillis disfrutaba de escuchar a Whitefield los domingos. Cuando el ministro murió, Phillis escribió un poema sobre él. El poema se publicó en Massachusetts y en Inglaterra. Este poema la hizo famosa. Ella tenía tan solo 17 años.

22   P O E M S on

On the Death of the Rev. Mr. GEORGE WHITEFIELD. 1770.

HAIL, happy faint, on thine immortal throne,
    Poffeft of glory, life, and blifs unknown;
We hear no more the mufic of thy tongue,
Thy wonted auditories ceafe to throng.
Thy fermons in unequall'd accents flow'd,   5
And ev'ry bofom with devotion glow'd;
Thou didft in ftrains of eloquence refin'd
Inflame the heart, and captivate the mind.
Unhappy we the fetting fun deplore,
So glorious once, but ah! it fhines no more.   10

Behold the prophet in his tow'ring flight!
He leaves the earth for heav'n's unmeafur'd height,
And worlds unknown receive him from our fight.
There *Whitefield* wings with rapid courfe his way,
And fails to *Zion* through vaft feas of day.   15
Thy pray'rs, great faint, and thine inceffant cries
Have pierc'd... bofom of thy native fkies.

     Thou

P O E M,
By PHILLIS, a Negro Girl.

Esta es una copia publicada del poema sobre George Whitefield.

George Whitefield

Phillis también escribió sobre otros sucesos que ocurrieron por entonces. La familia Wheatley vivía en una casa grande en la calle King de Boston, Massachusetts. Esta calle estaba justo en el medio de la ciudad. Siempre ocurrían muchas cosas cerca de Phillis.

Era una época difícil para los habitantes de las colonias. Los gobernantes británicos aprobaban una ley tras otra en contra de las libertades de los colonos. Las personas pensaban que esto era injusto. Muchos colonos deseaban la **independencia** de Gran Bretaña y del rey.

la calle King en Boston, cerca de la casa de los Wheatley

On the Death of a young Gentleman.

WHO taught thee conflict with the pow'rs
    of night,
To vanquish Satan in the fields of fight?
Who strung thy feeble arms with might unknown,
How great thy conquest, and how bright thy
    crown!
War with each princedom, throne, and pow'r 5
    is o'er,
The scene is ended to return no more.
O could my muse thy seat on high behold,
How deckt with laurel, how enrich'd with gold!
O could she hear what praise thine harp em-
    ploys,
How sweet thine anthems, how divine thy joys! 10
What heav'nly grandeur should exalt her strain!
What holy raptures in her numbers reign!
To sooth the troubles of the mind to peace,
To still the tumult of life's tossing seas,

         D 2

---

28   P O E M S ON

To ease the anguish of the parents heart, 15
What shall my sympathizing verse impart?
Where is the balm to heal so deep a wound?
Where shall a sov'reign remedy be found?
Look, gracious Spirit, from thine heav'nly bow'r,
And thy full joys into their bosoms pour; 20
The raging tempest of their grief control,
And spread the dawn of glory through the soul,
To eye the path the saint departed trod,
And trace him to the bosom of his God.

copia publicada del poema
sobre Christopher Snider

Christopher Snider

Un niño de 11 años llamado Christopher Snider fue asesinado cerca de la casa de Phillis. El hombre que lo mató era leal al rey. Los patriotas estaban muy molestos por la muerte del niño. En un poema, Phillis se puso del lado de los patriotas y describió lo terrible que había sido el hecho.

Los hombres llamados **patriotas** comenzaron a **protestar** contra las acciones del rey. Los patriotas tenían su sede en Boston, cerca de donde vivía Phillis.

Phillis escribió poemas sobre los sucesos que ocurrían en su ciudad. Un poema trataba sobre Crispus Attucks, un hombre que había sido esclavo. Attucks fue asesinado durante la Masacre de Boston. Phillis también escribió sobre las tropas británicas que ingresaron a Boston.

un té en la Nueva Inglaterra colonial

Los poemas de Phillis a veces se publicaban en periódicos. A las personas les gustaba leerlos. Pero la Sra. Wheatley quería que Phillis fuera más conocida en Boston. Por eso, la llevaba a eventos sociales. Phillis era invitada a leer sus poemas en voz alta.

Sin embargo, Phillis solía sentirse incómoda una vez que terminaba de leer sus poemas. Las mujeres de la sociedad se sentaban juntas a tomar el té. La mayoría de las veces, Phillis prefería sentarse en una mesa aparte. No se sentía bienvenida en la mesa de las mujeres blancas.

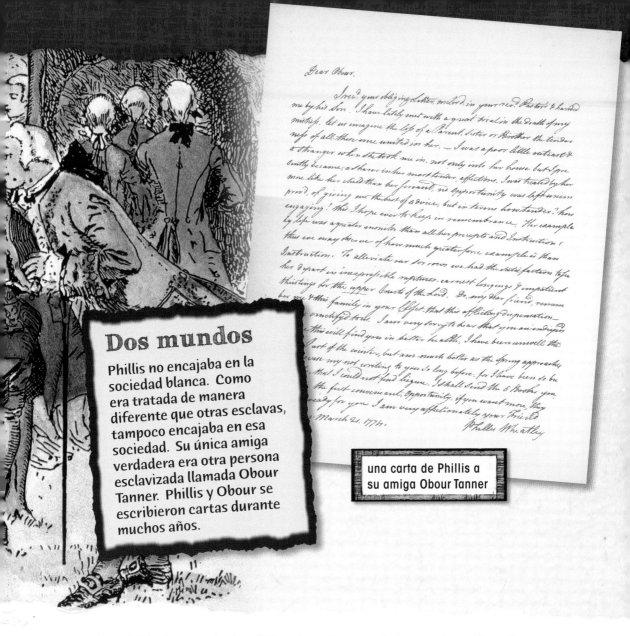

Dos mundos

Phillis no encajaba en la sociedad blanca. Como era tratada de manera diferente que otras esclavas, tampoco encajaba en esa sociedad. Su única amiga verdadera era otra persona esclavizada llamada Obour Tanner. Phillis y Obour se escribieron cartas durante muchos años.

una carta de Phillis a su amiga Obour Tanner

Un día, Phillis fue con la Sra. Wheatley a la casa de una amiga. Cuando llegó, le presentaron a la Sra. Fitch. El esposo de la Sra. Fitch era el dueño de un barco llamado Phillis. ¡Resultó que él era el hombre que había llevado a Phillis a Boston! Todos se sintieron un poco incómodos esa tarde.

En 1772, Susannah Wheatley pensó que alguien debía publicar un libro con los poemas de Phillis. Los poemas que habían sido publicados en los periódicos eran muy famosos. A los habitantes de las colonias y de Inglaterra les gustaba leer la obra de Phillis.

Para Phillis era difícil conseguir que su obra se publicara porque era una esclava. La Sra. Wheatley trató de encontrar un editor de la colonia. Era muy costoso imprimir libros en esa época. Nadie quería arriesgarse a perder dinero con el libro de una esclava.

las dos primeras páginas del libro de Phillis

P O E M S

ON

VARIOUS SUBJECTS,

RELIGIOUS AND MORAL,

BY

PHILLIS WHEATLEY,

NEGRO SERVANT to Mr. JOHN WHEATLEY, of BOSTON, in NEW ENGLAND.

LONDON:

Printed for A. BELL, Bookseller, Aldgate; and sold by Messrs. COX and BERRY, King-Street, BOSTON.

M DCC LXXIII.

The following is a Copy of a LETTER sent by the Author's Master to the Publisher.

PHILLIS was brought from Africa to America, in the Year 1761, between Seven and Eight Years of Age. Without any Assistance from School Education, and by only what she was taught in the Family, she, in sixteen Months Time from her Arrival, attained the English Language, to which she was an utter Stranger before, to such a Degree, as to read any, the most difficult Parts of the Sacred Writings, to the great Astonishment of all who heard her.

As to her WRITING, her own Curiosity led her to it; and this she learnt in so short a Time, that in the Year 1765, she wrote a Letter to the Rev. Mr. OCCOM, the Indian Minister, while in England.

She has a great Inclination to learn the Latin Tongue, and has made some Progress in it. This Relation is given by her Master who bought her, and with whom she now lives.

JOHN WHEATLEY.

Boston, Nov. 14, 1772.

Entonces, la Sra. Wheatley encontró a alguien que imprimiría el libro en Inglaterra. Al principio, el impresor no quería publicar el libro. No creía que una esclava pudiera escribir poemas tan hermosos. Algunos hombres importantes de Boston le dijeron que Phillis era una poeta talentosa. Luego de eso, el editor accedió a imprimir el libro.

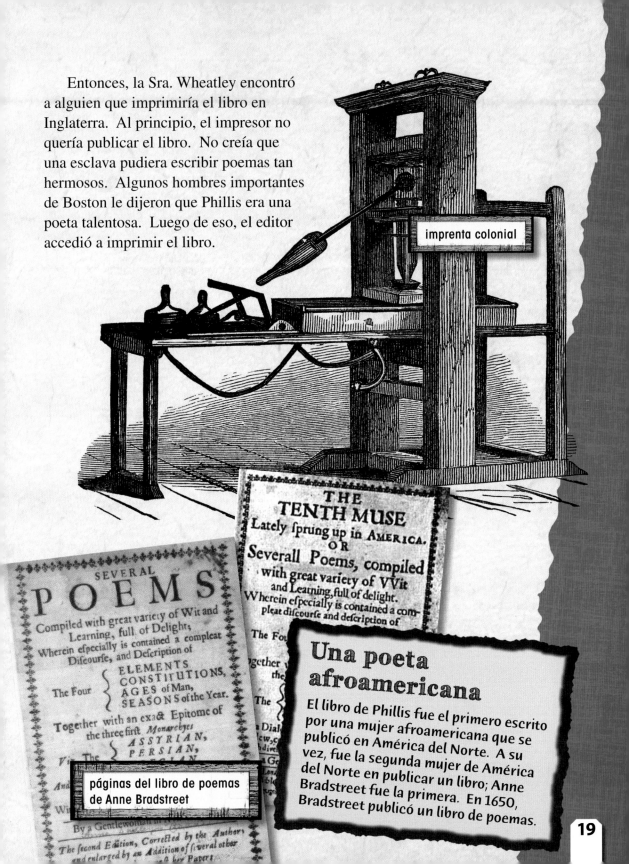

imprenta colonial

páginas del libro de poemas de Anne Bradstreet

Una poeta afroamericana

El libro de Phillis fue el primero escrito por una mujer afroamericana que se publicó en América del Norte. A su vez, fue la segunda mujer de América del Norte en publicar un libro; Anne Bradstreet fue la primera. En 1650, Bradstreet publicó un libro de poemas.

Viaje a Inglaterra y regreso a Boston

En mayo de 1773, Nathaniel Wheatley llevó a Phillis a Inglaterra. Phillis iba a conocer a la **condesa** de Huntingdon. La condesa ayudó a pagar la publicación del libro de Phillis. Decidió que el libro debía tener la imagen de Phillis en la primera página. Esa es la única imagen conocida de Phillis que se hizo cuando ella vivía.

Phillis disfrutó su visita a Inglaterra. Conoció a muchas personas que habían leído sus poemas. Fue tratada mejor en Inglaterra que en las colonias. Finalmente, la condesa le envió una invitación a Phillis. La invitó a ella y a Nathaniel a su mansión en el campo.

Desafortunadamente, Phillis recibió una mala noticia. La Sra. Wheatley estaba muy enferma. Le escribió a Phillis y le pidió que regresara. Phillis nunca pudo conocer a la condesa. Tuvo que irse de Inglaterra antes de que se publicara su libro.

Esta pintura de Phillis Wheatley fue hecha después de su muerte.

DEDICATION.

To the Right Honourable the

COUNTESS of HUNTINGDON,

THE FOLLOWING

P O E M S

Are moſt reſpectfully

Inſcribed,

By her much obliged,

Very humble,

And devoted Servant,

Phillis Wheatley.

12,

condesa de Huntingdon

Las dedicatorias de los libros

Phillis dedicó su libro a la condesa de Huntingdon. En esa época, la **dedicatoria** de un libro era muy importante. Un libro podía ser exitoso tan solo por la persona a quien estaba dedicado.

Phillis regresó a casa y se encontró con más problemas entre los británicos y los colonos. Vestidos de indígenas, los patriotas subieron a un barco británico durante la noche. Arrojaron cajas de té al agua para protestar contra las leyes británicas. Esto sucedió a unas pocas cuadras de la casa de Phillis en la calle King. Se suponía que su libro publicado llegaría a ese mismo puerto en cualquier momento.

Al rescate

Los británicos impidieron que llegaran provisiones al puerto de Boston. Querían que los patriotas pasaran hambre para que aprendieran a comportarse. Entonces, las demás colonias enviaron alimentos en secreto para ayudar a Boston.

Los británicos actuaron de inmediato. Cerraron el puerto de Boston hasta que los colonos pagaran los daños. Enviaron más tropas a Boston y limitaron el derecho a reunirse. Phillis tuvo que esperar un poco más para recibir su libro.

VOTES and PROCEEDINGS of
the Town of
BOSTON,
JUNE 17, 1774.

AT a legal and very full meeting of the freeholders and other inhabitants of the town of Boston, by adjournment at Faneuil-hall, June 17, 1774.

The Hon. JOHN ADAMS, Esq; Moderator.

UPON a motion made, the town again entered into the consideration of that article in the warrant, Viz. "To consider and determine what measures are proper to be taken upon the present exigency of our public affairs, more especially relative to the late edict of a British parliament for blocking up the harbour of Boston, and annihilating the trade of this town," and after very serious debates thereon,

VOTED, (With only one diffentient) That the committee of correspondence be enjoined forthwith to write to all the other colonies, acquainting them that we are not idle, that we are deliberating upon the steps to be taken on the present exigencies of our public affairs; that our brethren the landed interest of this province, are entering into a non-consumption agreement; and that we are waiting with anxious expectation for the result of a continental congress, whose meeting we impatiently desire, in whose wisdom and firmness we can confide, and in whose determinations we shall chearfully acquiesce.

Agreeable to order, the committee of correspondence laid before the town such letters, as they had received in answer to the circular letters, wrote by them to the several colonies and also the sea port towns in this province since the reception of the Boston port bill; and the same being publicly read,

VOTED, unanimously, That our warmest thanks be transmitted to our brethren on the continent, for that humanity, sympathy and affection with which they have been inspired, and which they have expressed towards this distressed town at this important season.

VOTED, unanimously, That the thanks of this town be, and hereby are, given to the committee of correspondence, for their faithfulness, in the discharge of their trust, and that they be desired to continue their vigilance and activity in that service.

Whereas the Overseers of the poor in the town of Boston are a body politic, by law constituted for the reception and distribution of all charitable donations for the use of the poor of said town,

VOTED, That all grants and donations to this town and the poor thereof at this distressing season, be paid and delivered into the hands of said Overseers, and by them appropriated and distributed in concert with the committee lately appointed by this town for the consideration of ways and means of employing the poor.

VOTED, That the town clerk be directed to publish the proceedings of this meeting in the several news papers.

The meeting was then adjourned to Monday the 27th of June, instant.

Attest,

WILLIAM COOPER, Town Clerk

Los habitantes de Boston responden luego de que los británicos cerraran el puerto de Boston.

¡Al fin la libertad!

En 1773, el Sr. Wheatley liberó a Phillis. Los esclavos podían ser liberados de dos maneras diferentes. Podían comprar su libertad, pero esto era muy difícil porque la mayoría de las personas esclavizadas no podían ganar dinero. Los dueños también podían conceder la libertad a sus esclavos. Esto es lo que hizo el Sr. Wheatley con Phillis.

Phillis ya no era esclava, pero continuó viviendo con los Wheatley. La Sra. Wheatley estaba muy enferma y Phillis ayudó a cuidarla.

En marzo de 1774, Susannah Wheatley murió. Perder a la Sra. Wheatley fue difícil para Phillis. Con los años, Phillis se había encariñado mucho con ella.

un certificado de libertad para un esclavo

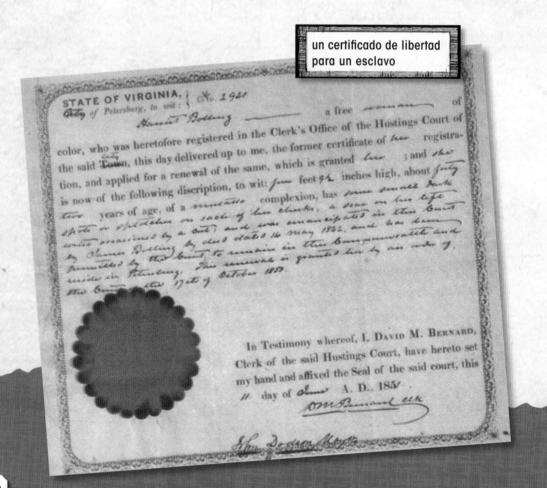

myself or Wife are now in the way ...
In all other respects, I recommend it to you, and have no doubt
of your observing the greatest Oeconomy and frugality; as I
suppose you know that I do not get a farthing for my services
here more than my Expenses; It becomes necessary, therefore, for
me to be saving at home.

The above is copied, not only to amuse
myself of my promises, and requests, but others also if any mis-
chance happens to ————————
G. Washington

N:6. To. M: Phillis Wheatley.

Cambridge February 28. 1776.

Poema a George Washington

Phillis escribió un poema sobre George Washington para expresar su apoyo al Ejército Continental. Washington quedó muy impresionado con el poema. En febrero de 1776, Phillis viajó al campamento militar de Washington para conocerlo.

general George Washington

Phillis tenía que ganar dinero ahora que era una mujer libre. Trató de vender su libro en las colonias. El editor de Inglaterra le envió 300 ejemplares. Phillis puso anuncios en los periódicos. Su libro se vendió rápidamente.

Luego comenzó la Revolución estadounidense. Los barcos de Inglaterra ya no podían llevar sus libros a las colonias.

"Libertad y paz"

En 1778, Phillis conoció a un hombre llamado John Peters. Era un hombre negro libre que vivía en Boston. Al poco tiempo, se casaron. John trabajaba mucho y tenían una bonita casa. Desafortunadamente, los años de la guerra fueron difíciles. John perdió su trabajo y le costó ganar dinero.

Phillis continuó escribiendo durante ese tiempo, pero nunca publicó otro libro. Por lo tanto, ella tampoco ganaba mucho dinero. Los tres hijos de John y Phillis murieron jóvenes. Phillis murió en diciembre de 1784. Tenía tan solo 31 años.

El último poema que escribió Phillis se llamaba "Libertad y paz". Durante su vida en América del Norte, Phillis vio mucha violencia. En 1784, había terminado la guerra en el país. Las personas trabajaban en conjunto para construir una nueva nación. Este poema describe el **patriotismo** que se sentía en todos los estados. Como siempre, Phillis escribió con gran emoción. Sus palabras describen una época emocionante de la historia del país. Hoy las personas son afortunadas de contar con los poemas de Phillis sobre el pasado.

Liberty and Peace—

Perish that Thirst of boundless Power, that drew
On Albion's Head the Curse to Tyrants due.
But thou appeas'd submit to Heaven's decree,
That bids this Realm of Freedom rival thee!
Now sheathe the Sword that bade the Brave attone
With guiltless Blood for Madness not their own.
Sent from th' Enjoyment of their native Shore
Ill-fated—never to behold her more!
From every Kingdom on Europa's Coast
Throng'd various Troops, their Glory, Strength and Boast.
With heart-felt pity fair Hibernia saw
Columbia menac'd by the Tyrant's Law:
On hostile Fields fraternal Arms engage,
And mutual Deaths, all dealt with mutual Rage:
The Muse's Ear hears mother Earth deplore
Her ample Surface smoake with kindred Gore:
The hostile Field destroys the social Ties,
And every-lasting Slumber seals their Eyes.

parte de "Libertad y paz",
de Phillis Wheatley

PHILI

BORN IN W

FROM THE S

SHE WAS A I

POEMS ON

AND MORAL

AN AFRICAN

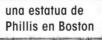
una estatua de Phillis en Boston

El testamento de los Wheatley

Cuando murió el Sr. Wheatley en 1778, todavía era un hombre muy rico. Su **testamento** no mencionaba a Phillis. No le dejó dinero ni propiedades. Phillis había servido a su familia durante 12 años. A pesar de que la trataban como a alguien de la familia, ¿la consideraban realmente como parte de ella?

WHEATLEY

CA. 1753–1784

RICA AND SOLD AS A SLAVE

HILLIS IN COLONIAL BOSTON.

RY PRODIGY WHOSE 1773 VOLUME

US SUBJECTS. RELIGIOUS

THE FIRST BOOK PUBLISHED BY

ER IN AMERICA.

¡Descríbelo!

Phillis Wheatley llevó una vida poco común para una persona esclavizada. Si su barco hubiera llegado al Sur, su vida habría sido muy diferente.

Investiga qué diferencias tenía la vida de las personas esclavizadas en el Sur. Luego, escribe una versión alternativa de la vida de Phillis Wheatley en el Sur. Describe las condiciones en las que habría vivido y trabajado, y las actitudes de sus dueños. ¿Habría aprendido a escribir? ¡Tú lo decides!

Glosario

cautivas: que fueron hechas prisioneras

comerciante de esclavos: el dueño de uno de los barcos que transportaban a personas esclavizadas a las colonias

condesa: un título dado a algunas mujeres británicas de la clase alta

dedicatoria: una parte del principio de un libro donde aparece el nombre de una persona que es especial para el autor

esclavos: personas que son obligadas a trabajar sin recibir pago a cambio y que no tienen libertad

ilegal: en contra de la ley

independencia: la condición de no ser controlado o gobernado por otro país

ministros: líderes de la iglesia

patriotas: personas que apoyaban la independencia estadounidense de Gran Bretaña

patriotismo: amor por el propio país

plantaciones: grandes granjas donde se producen cultivos para ganar dinero

protestar: expresar la oposición a alguien o a algo

testamento: un documento que describe a quién deja una persona su dinero y sus propiedades cuando muere

Índice

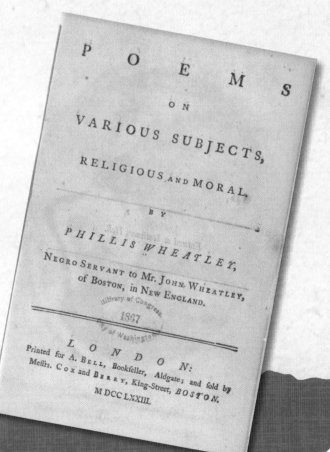

¡Tu turno!

DEDICATION.

To the Right Honourable the

COUNTESS OF HUNTINGDON,

THE FOLLOWING

P O E M S

Are moſt reſpectfully

Inſcribed,

By her much obliged,

Very humble,

And devoted Servant,

Phillis Wheatley.

Boſton, June 12,
1773.

La dedicatoria de un libro

La condesa de Huntingdon ayudó a pagar la publicación del libro de Phillis. Por eso, Phillis dedicó su libro a la condesa. ¿A quién más podría haber dedicado Phillis su libro si hubiera tenido la oportunidad? Escribe una nueva página de dedicatoria y explica por qué Phillis le dedicaría el libro a esa otra persona.